Vois-tu ce que je vois?

JOUETS

un mot – une photo

WALTER WICK

Texte français d'Alexandra Martin-Roche

Éditions
SCHOLASTIC

Catalogage avant publication de Bibliothèque et Archives Canada

Wick, Walter
Jouets / Walter Wick ;
texte français d'Alexandra Martin-Roche.

(Vois-tu ce que je vois? Un mot, une photo)
Traduction de: Toys.
Pour les 4-8 ans.

ISBN 978-0-545-98221-4

1. Casse-tête–Ouvrages pour la jeunesse. 2. Livres-jeux.
I. Martin-Roche, Alexandra II. Titre. III. Collection: Wick, Walter.
Vois-tu ce que je vois? Un mot, une photo.

GV1507.P47W527514 2009   j793.73   C2009-901696-6

Édition publiée par les Éditions Scholastic, 604, rue King Ouest, Toronto (Ontario) M5V 1E1

5 4 3 2 1   Imprimé au Canada   09 10 11 12 13

Chère lectrice,
Cher lecteur,

Lis les mots et retrouve les objets dans l'image.
Pour augmenter la difficulté, avec ta main,
cache les indices qui sont illustrés au bas
de chaque page.
Amuse-toi bien!

Walter Wick

Vois-tu

1 chapeau,

2 chats

et 2 chiens?

Vois-tu

2 étoiles de mer,

1 requin

et 2 grenouilles?

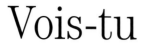

Vois-tu

1 cheval

et 1 chien

avec 1 os?

Vois-tu

1 araignée,

1 bateau

et 1 téléphone?

Vois-tu

1 poule,

1 lapin

et 1 cloche?

Vois-tu

1 hibou,

1 fourchette

et 1 coquillage?

MIRROR

THE
MAGIC MIRROR

TRANSFORM IN THIS MIRROR THESE PICTURES BY

McLOUGHLIN BROS.
NEW YORK

GAME OF
SCARE

9 1
3   5
4   2
6

GAME

Carrie Plates

The Butler's Daughter

DIRECTIONS FOR THE AMERICAN GAME.

Two, three or four persons can play.
The implements are the same as in the parent-
ing game.
Each player takes six Winks, one Tiddledy, and
a number of counters.
He contributes seven counters to form a pool,
after it acts as leader, takes charge of the pool
and takes all payments from it. The pool grows
more or less according to the plays.
The Wink-pot is placed in the center of the
table.
The object is to jump as many Winks into the
Wink-pot as possible.
Each plays in turn to the left, the one to lead
being decided by lot.

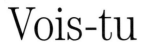Vois-tu

1 balle de baseball,

1 hot-dog

et 1 maison?

Vois-tu

1 hippocampe,

1 chimpanzé

et 1 souris?

Vois-tu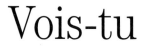

2 poules,

2 tigres

et 1 dragon?

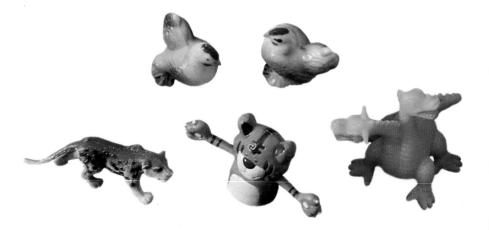

Vois-tu

1 baignoire,

1 horloge

et 1 chariot?

Vois-tu

1 bouteille verte

et 1 kangourou

bleu?

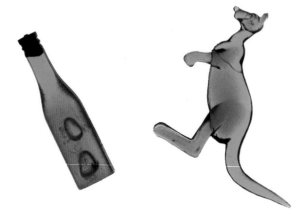

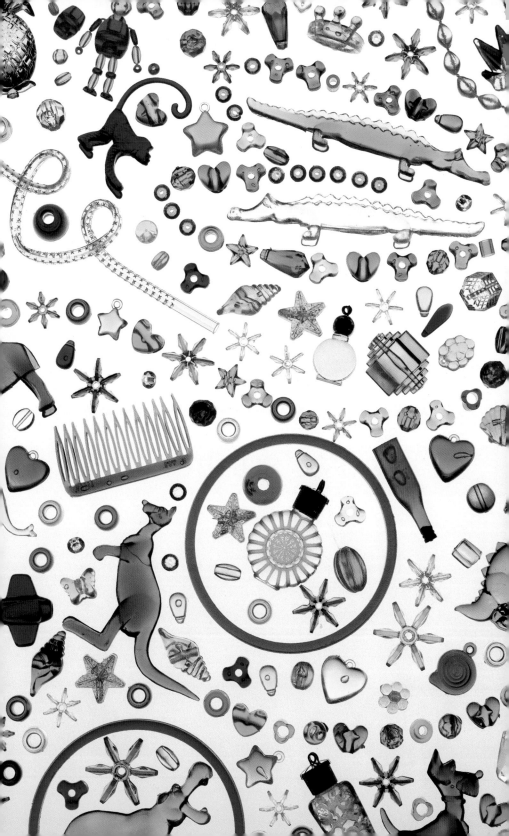

Vois-tu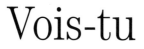

1 citrouille,

1 lune

et 1 soulier?

araignée

baignoire

balle de baseball

bateau

bouteille

chapeau

chariot

chats

cheval

chien avec un os

chiens

chimpanzé

citrouille

cloche

coquillage

dragon

étoile de mer

fourchette

grenouilles

hibou

hippocampe

horloge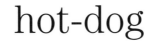

hot-dog

kangourou

lapin

lune

maison

poule

poules

requin

soulier

souris

téléphone

tigres